APRESENTAÇÃO

A FUNDAÇÃO DO BRANDING

IDENTIDADE DA MARCA

POSICIONAMENTO DE MARCA

A PSICOLOGIA DAS CORES NO BRANDING

STORYTELLING DA MARCA

BRANDING VISUAL

CONSISTÊNCIA DA MARCA

EXPERIÊNCIA DO CLIENTE

BRANDING DIGITAL E REDES SOCIAIS

SEO E BRANDING

MARKETING DE CONTEÚDO

ESTRATÉGIAS DE PRECIFICAÇÃO

EMPACOTAMENTO DO PRODUTO

PUBLICIDADE E PROMOÇÕES

RELACIONAMENTO COM O CLIENTE

FEEDBACK DO CLIENTE

PARCERIAS DE MARCA

EVENTOS DE MARCA

RESPONSABILIDADE SOCIAL CORPORATIVA

GESTÃO DE CRISES DE MARCA

MEDINDO O IMPACTO DO BRANDING NAS VENDAS

INOVAÇÃO E BRANDING

FORMAÇÃO DA EQUIPE DE BRANDING

A IMPORTÂNCIA DO TREINAMENTO DE VENDAS

CONSTRUINDO UM LEGADO DE MARCA

REGINALDO OSNILDO

Branding de alto impacto na performance de vendas

Copyright © 2024 Reginaldo Osnildo
Todos os direitos reservados.

APRESENTAÇÃO

Bem-vindo ao início de uma jornada transformadora que irá revolucionar a forma como você percebe, constrói e eleva sua marca no competitivo mundo dos negócios. Este livro, "**Branding de alto impacto na performance de vendas**", é um guia meticulosamente elaborado para você, empresário, profissional de marketing e líder de negócios, que busca não apenas sobreviver, mas prosperar em um mercado cada vez mais saturado.

Aqui, você encontrará não apenas teorias e conceitos abstratos sobre branding. Vamos além, oferecendo uma perspectiva atualizada, técnicas inovadoras e estratégias práticas adaptadas aos desafios e oportunidades do nosso tempo. Cada capítulo deste livro foi pensado para equipá-lo com o conhecimento necessário para construir uma marca forte, coesa e memorável, que ressoe com seu público-alvo e, mais importante, melhore significativamente suas vendas.

O branding é uma arte e uma ciência que vai muito além de um logo atraente ou de uma paleta de cores harmoniosa. Trata-se de criar uma identidade que se comunica diretamente com o coração e a mente dos seus clientes, de estabelecer uma presença que os envolva de maneira autêntica e de construir uma narrativa que eles desejem fazer parte. Neste livro, vamos desvendar juntos cada elemento que compõe essa fascinante construção, desde a fundação do branding até as mais avançadas estratégias de marketing digital e social media.

Prepare-se para mergulhar em capítulos que cobrem a essência do branding, o poder da identidade visual, o impacto psicológico das cores, o encanto do storytelling, a importância da consistência e muito mais. Cada seção foi cuidadosamente planejada para levar você a uma compreensão profunda de como cada aspecto do branding pode ser otimizado para fortalecer sua marca e catapultar suas vendas.

Ao longo desta leitura, você será convidado a refletir sobre a sua marca atual e a vislumbrar novas possibilidades. Com insights valiosos e exemplos práticos, meu objetivo é não apenas informar, mas também inspirar e motivar você a transformar sua marca em algo verdadeiramente excepcional.

E o que vem a seguir? O próximo capítulo, "**A FUNDAÇÃO DO BRANDING**", é o ponto de partida perfeito. Nele, exploraremos o conceito de branding e sua importância fundamental na performance de vendas. Vamos mergulhar nas raízes do branding, estabelecendo uma base sólida sobre a qual construiremos estratégias eficazes e inovadoras. Este é apenas o começo de uma viagem empolgante que promete não apenas melhorar sua compreensão de branding, mas também transformar a maneira como você conduz seus negócios.

Prepare-se para ser guiado por um caminho de descoberta, inovação e sucesso. Vamos juntos tornar sua marca inesquecível.

Convido você a virar a página e começar a moldar o futuro da sua marca.

Atenciosamente

Prof. Dr. Reginaldo Osnildo

A FUNDAÇÃO DO BRANDING

No mundo dos negócios, o conceito de branding é frequentemente envolto em uma aura de mistério e complexidade. No entanto, ao desmistificá-lo, você descobrirá que o branding é, essencialmente, a alma da sua empresa – é o que a distingue de seus concorrentes, constrói uma conexão emocional com seus clientes e comunica o valor único que você oferece. Neste capítulo, vamos explorar o conceito de branding em sua essência e entender por que ele é fundamental para a performance de vendas da sua marca.

O QUE É BRANDING?

Branding é o processo de criação, desenvolvimento e gestão de uma marca. Envolve desde a definição do nome e do design do logo até a criação de uma promessa de marca e a experiência que os clientes têm com seu produto ou serviço. O objetivo do branding é criar uma imagem única e memorável na mente dos consumidores, diferenciando sua oferta da de seus concorrentes e estabelecendo uma presença marcante no mercado.

POR QUE O BRANDING É ESSENCIAL?

- **Diferenciação:** Em um mercado saturado, ter uma marca forte é crucial para se destacar. O branding permite que você se diferencie, comunicando sua proposta de valor única de maneira eficaz.

- **Conexão emocional:** O branding vai além das transações comerciais; ele cria uma ligação emocional com seu público. Marcas com forte apelo emocional têm clientes mais leais e engajados.

- **Percepção de Valor:** Uma marca forte eleva a percepção de valor do seu produto ou serviço. Os consumidores estão dispostos a pagar mais por marcas em que confiam e com as quais se identificam.

- **Lealdade do cliente:** O branding não apenas atrai novos clientes, mas também os mantém. A construção de uma marca confiável e consistente fomenta a lealdade do cliente, essencial para o crescimento sustentável do negócio.

CONSTRUINDO A FUNDAÇÃO DO SEU BRANDING

O primeiro passo na construção de uma marca de sucesso é estabelecer uma fundação sólida. Isso envolve:

- **Definir sua missão e visão:** Qual é o propósito da sua marca? O que você aspira alcançar? Sua missão e visão orientarão todas as suas ações de branding.

- **Conhecer seu público-alvo:** Quem são seus clientes ideais? Entender seu público é crucial para criar mensagens de marca que ressoem com ele.

- **Identificar seu propósito de marca:** Por que sua marca existe? Qual problema ela resolve? Um propósito de marca claro é o coração do seu branding.

- **Estabelecer sua proposta de valor:** O que torna sua marca única? Sua proposta de valor diferencia você da concorrência e atrai clientes.

Ao concluir este capítulo, espero que você tenha uma compreensão sólida do que é branding e porque ele é um elemento crucial para o sucesso dos negócios. Mas, compreender o conceito de branding é apenas o início. No próximo capítulo, **"IDENTIDADE DA MARCA"**, mergulharemos profundamente em como desenvolver uma identidade de marca forte e coesa que ressoe com seu público-alvo. Vamos explorar os elementos visuais e verbais que formam a identidade de sua marca, garantindo que ela não apenas se destaque, mas também permaneça gravada na memória de seus clientes.

Prepare-se para transformar a essência da sua marca em algo tangível e poderoso. Convido você a seguir adiante e descobrir como a identidade da marca pode ser o seu maior ativo no fortalecimento das relações com os clientes e na melhoria das suas vendas.

IDENTIDADE DA MARCA

Depois de estabelecer uma fundação sólida para o seu branding, o próximo passo é desenvolver uma identidade de marca forte e coesa. A identidade da marca é a expressão visual e verbal de quem você é como marca. É através dela que você comunica sua essência, valores e promessas ao seu público-alvo. Neste capítulo, vamos mergulhar nas estratégias e elementos que compõem uma identidade de marca impactante, garantindo que ela ressoe profundamente com seus clientes e se destaque no mercado.

O CORAÇÃO DA SUA MARCA

A identidade da sua marca é mais do que apenas um logotipo ou uma paleta de cores agradável; ela é a personificação da sua missão, visão e valores. É crucial que cada aspecto da sua identidade de marca seja pensado cuidadosamente para refletir o verdadeiro coração da sua marca.

ELEMENTOS DA IDENTIDADE DE MARCA

- **Logotipo e nome:** O logotipo e o nome são frequentemente as primeiras coisas que vêm à mente quando pensamos em uma marca. Eles devem ser distintos, memoráveis e refletir a essência da sua marca.

- **Paleta de cores:** As cores têm o poder de evocar emoções e associar sentimentos à sua marca. Escolher a paleta de cores certa pode reforçar a mensagem que você deseja transmitir.

- **Tipografia:** A fonte utilizada nos seus materiais de comunicação deve ser consistente e alinhar-se com o tom da sua marca, seja ele formal, casual, inovador ou tradicional.

- **Estilo de imagem:** As imagens que você escolhe, sejam fotografias, ilustrações ou gráficos, devem complementar sua identidade visual e ajudar a contar a história da sua marca.

- **Tom de voz:** O tom de voz reflete a personalidade da sua marca em textos escritos e verbais. Ele deve ser consistente em todos os canais de comunicação e ressoar com seu público-alvo.

DESENVOLVENDO SUA IDENTIDADE DE MARCA

Para desenvolver uma identidade de marca que realmente ressoe com seu público, considere os seguintes passos:

- **Entenda seu público:** Conheça profundamente seu público-alvo. Quais são seus desejos, necessidades e expectativas em relação à sua marca?

- **Defina sua personalidade de marca:** Se a sua marca fosse uma pessoa, como ela seria? Definir uma personalidade de marca ajuda a criar uma conexão emocional com seu público.

- **Seja consistente:** A consistência é chave para o reconhecimento da marca. Certifique-se de que todos os elementos da sua identidade de marca sejam consistentes em todos os pontos de contato.

- **Diferencie-se:** Encontre o que torna sua marca única e destaque isso na sua identidade visual e verbal. Isso ajudará a separar sua marca da concorrência.

Uma identidade de marca forte e coesa é crucial para se conectar com seu público e se destacar no mercado. Ao dedicar tempo e esforço para desenvolver sua identidade de marca, você está investindo no sucesso a longo prazo da sua empresa.

Agora que exploramos a importância da identidade de marca e como desenvolvê-la, está na hora de olhar para fora e posicionar sua marca no mundo. No próximo capítulo, "**POSICIONAMENTO DE MARCA**", vamos mergulhar nas estratégias para posicionar sua marca de forma eficaz no mercado e na mente dos consumidores. Prepare-se para descobrir como você pode não apenas comunicar o valor único da sua marca, mas também garantir que ela seja percebida exatamente da maneira que você deseja.

POSICIONAMENTO DE MARCA

Após desenvolver uma identidade de marca sólida e coesa, o próximo passo crucial na construção do seu branding de alto impacto é o posicionamento de marca. Este capítulo é dedicado a estratégias eficazes para posicionar sua marca de maneira que ela não apenas se destaque no mercado, mas também ocupe um lugar distinto na mente dos consumidores. Aqui, você aprenderá como definir claramente o espaço que sua marca pretende ocupar no mercado e na vida de seus clientes, garantindo que a mensagem da sua marca seja clara, atraente e, acima de tudo, memorável.

ENTENDENDO O POSICIONAMENTO DE MARCA

Posicionamento de marca refere-se ao processo de estabelecer a imagem ou identidade da sua marca na mente do seu público-alvo, de modo que eles percebam sua marca como a melhor solução para suas necessidades ou desejos específicos. É sobre criar uma proposta de valor única que se destaque em meio à concorrência e alinhar sua mensagem de marca com as expectativas e desejos do seu público.

A IMPORTÂNCIA DO POSICIONAMENTO EFICAZ

- **Diferenciação no mercado:** Um bom posicionamento de marca ajuda a diferenciar sua oferta da concorrência, destacando os atributos únicos e os benefícios da sua marca.

- **Conexão com o público:** Ao alinhar sua marca com os valores e necessidades do seu público-alvo, você cria uma conexão mais profunda e significativa com eles.

- **Direcionamento estratégico:** Uma estratégia clara de posicionamento de marca orienta suas decisões de marketing e comunicação, garantindo que todas as ações estejam alinhadas com a maneira como você deseja que sua marca seja percebida.

ESTRATÉGIAS PARA POSICIONAMENTO DE MARCA

- **Identifique seu público-alvo:** Compreenda profundamente quem são seus clientes ideais, incluindo seus comportamentos, necessidades e como eles tomam suas decisões de compra.

- **Analise a concorrência:** Conheça seus concorrentes e como eles posicionam suas marcas no mercado. Identifique lacunas e oportunidades onde sua marca pode se destacar.

- **Defina sua proposta de valor única (PVU):** Qual é a promessa única que apenas sua marca pode oferecer ao seu público-alvo? Sua PVU deve ser clara, concisa e destacar os benefícios e diferenciais da sua marca.

- **Comunique sua posição de forma consistente:** Utilize todos os pontos de contato com o cliente — de sua embalagem e site a campanhas publicitárias — para comunicar consistentemente sua proposta de valor e reforçar o posicionamento da sua marca.

APLICANDO O POSICIONAMENTO DE MARCA NA PRÁTICA

Para trazer o conceito de posicionamento de marca para a realidade do seu negócio, considere criar uma declaração de posicionamento de marca. Esta declaração deve ser uma síntese clara do que sua marca representa, para quem ela é destinada e como se diferencia da concorrência. A declaração serve como uma bússola para todas as suas estratégias de marketing e comunicação, assegurando que o posicionamento da sua marca permaneça consistente e poderoso.

O posicionamento de marca não é uma tarefa única; é um processo contínuo de ajuste e refinamento, à medida que o mercado muda e seu negócio cresce. Ao dedicar tempo e esforço para definir um posicionamento claro e distinto para sua marca, você estabelece uma base sólida para construir relações significativas com seus clientes e alcançar um sucesso duradouro no mercado.

Olhando para o futuro, o próximo capítulo, "**A PSICOLOGIA DAS CORES NO BRANDING**", mergulha na ciência e na arte de usar cores para fortalecer a identidade e o posicionamento da sua marca. As cores têm o poder de influenciar a percepção e o comportamento do consumidor de maneiras sutis, mas profundas. Prepare-se para explorar como você pode aplicar a psicologia das cores para enriquecer ainda mais o seu branding e conectar-se de forma mais eficaz com seu público-alvo.

Junte-se a nós no próximo capítulo para desvendar os segredos das cores e como utilizá-las para transformar a experiência da sua marca.

A PSICOLOGIA DAS CORES NO BRANDING

O poder das cores transcende a simples estética; elas têm a capacidade de evocar emoções, influenciar decisões e até mesmo moldar comportamentos. Neste capítulo, vamos explorar a psicologia das cores no contexto do branding e como você pode utilizá-la para reforçar a identidade e o posicionamento da sua marca, criando uma conexão emocional mais profunda com seu público.

ENTENDENDO A PSICOLOGIA DAS CORES

A psicologia das cores é o estudo de como as cores afetam percepções e comportamentos. No branding e marketing, a escolha de cores adequadas pode ser uma poderosa ferramenta para comunicar os valores da marca e influenciar a forma como ela é percebida pelo público. Cada cor tem diferentes associações e pode evocar diferentes sentimentos e reações nas pessoas.

A SIGNIFICADO DAS CORES NO BRANDING

- **Azul:** Transmite confiança, segurança e tranquilidade. É frequentemente usado por bancos, empresas de tecnologia e negócios que querem enfatizar a confiabilidade.

- **Vermelho:** Associado à paixão, energia e ação. É escolhido por marcas que desejam ser percebidas como dinâmicas e provocar uma resposta emocional imediata.

- **Verde:** Representa crescimento, natureza e saúde. Ideal para marcas que enfatizam aspectos orgânicos, naturais ou financeiros (crescimento).

- **Amarelo:** Evoca otimismo, alegria e criatividade. É uma cor excelente para chamar a atenção e criar uma sensação de acessibilidade e abertura.

- **Preto:** Transmite sofisticação, luxo e formalidade. Muitas marcas de alto padrão utilizam o preto para comunicar exclusividade e elegância.

- **Branco:** Simboliza pureza, simplicidade e minimalismo. É eficaz para marcas que desejam transmitir simplicidade e transparência.

UTILIZANDO CORES PARA REFORÇAR SUA MARCA

Ao escolher as cores para sua marca, considere o seguinte:

- **Público-alvo:** As preferências de cor podem variar significativamente dependendo do gênero, idade e cultura do seu público. Certifique-se de que suas escolhas de cores ressoem com o grupo que você está tentando alcançar.

- **Personalidade da marca:** As cores devem complementar a personalidade e os valores da sua marca. Escolha cores que reflitam a essência do que sua marca representa.

- **Diferenciação competitiva:** Observe as cores usadas por seus concorrentes e considere como você pode se diferenciar visualmente no mercado.

- **Consistência:** Use suas cores de marca consistentemente em todos os pontos de contato com o cliente para construir reconhecimento e familiaridade.

Aplicação Prática

Além de escolher as cores certas, é importante considerar como elas serão utilizadas em diferentes meios e aplicações. Isso inclui materiais de marketing, embalagens de produtos, design do website e até mesmo o ambiente físico da loja, se aplicável. A consistência na aplicação das cores da marca fortalece a identidade visual e ajuda a criar uma experiência de marca coesa.

A escolha e o uso estratégico das cores no branding são fundamentais para transmitir a mensagem certa e conectar-se emocionalmente com seu público. As cores têm o poder de transformar a percepção da sua marca, influenciar decisões de compra e até mesmo fortalecer a lealdade do cliente.

Ao avançarmos para o próximo capítulo, "**STORYTELLING DA**

MARCA", veremos como narrativas envolventes e autênticas podem complementar sua estratégia de cores, trazendo vida à sua marca e criando uma conexão emocional ainda mais profunda com seu público. Junte-se a nós nesta continuação da jornada para descobrir como a arte do storytelling pode ser habilmente tecida no tecido do seu branding, capturando a imaginação de seus clientes e motivando-os a se engajarem com sua marca de maneira significativa.

STORYTELLING DA MARCA

Narrativas possuem o poder incomparável de tocar corações, despertar imaginações e criar conexões duradouras. No contexto do branding, o storytelling é uma ferramenta essencial que permite que as marcas comuniquem sua essência, valores e propósito de uma maneira que ressoa emocionalmente com seu público. Neste capítulo, vamos explorar como você pode usar o storytelling para enriquecer a identidade da sua marca, diferenciar-se no mercado e construir uma relação mais profunda com seus clientes.

O PODER DO STORYTELLING NA MARCA

Storytelling é a arte de contar histórias e, quando aplicado ao branding, transforma a maneira como o público percebe uma marca. Uma história bem contada pode:

- **Construir conexões emocionais:** Histórias que evocam emoções tendem a ser mais lembradas e podem fortalecer o vínculo entre a marca e o consumidor.

- **Humanizar sua marca:** Compartilhar histórias sobre as origens da marca, desafios superados ou a visão por trás de um produto ajuda a humanizá-la, tornando-a mais relacionável para o público.

- **Diferenciar no mercado:** Em um mar de concorrentes, uma história única pode ser o diferencial que faz sua marca se destacar.

- **Transmitir valores e missão:** As histórias são uma forma poderosa de expressar os valores e a missão da sua marca, engajando clientes que compartilham desses mesmos ideais.

COMO CRIAR UM STORYTELLING EFICAZ PARA SUA MARCA

- **Conheça sua audiência:** Para que uma história ressoe, é crucial entender quem é seu público, o que eles valorizam e quais desafios enfrentam.

- **Seja autêntico:** As melhores histórias são aquelas que

são verdadeiras. Compartilhe experiências reais, desafios e sucessos da sua marca.

- **Foque no arco da história:** Toda boa história tem um começo, meio e fim. Certifique-se de que sua narrativa tenha uma estrutura clara que guie o público através da experiência.

- **Incorpore personagens relatáveis:** Se possível, inclua personagens em sua narrativa que seu público possa se identificar ou aspirar ser.

- **Inclua um elemento de conflito e resolução:** O conflito cria tensão e interesse, enquanto a resolução oferece satisfação e fecha a história de maneira gratificante.

APLICANDO STORYTELLING NA PRÁTICA

- **Campanhas de marketing:** Use histórias em suas campanhas para comunicar sua mensagem de maneira mais impactante.

- **Conteúdo de mídia social:** As plataformas de mídia social são locais ideais para contar histórias menores e conectar-se diariamente com seu público.

- **Embalagens de produto:** Considere incluir elementos de sua história na embalagem, criando uma experiência de desempacotar única.

- **Atendimento ao cliente:** Treine sua equipe para compartilhar histórias da marca durante interações com clientes, fortalecendo a conexão emocional.

Integrar o storytelling ao DNA da sua marca não apenas enriquece sua identidade, mas também cria uma narrativa envolvente que seus clientes querem fazer parte. Ao compartilhar histórias que destacam sua jornada, desafios, superações e sucesso, você convida os clientes a se conectarem com sua marca em um nível mais profundo.

À medida que avançamos para o próximo capítulo, "**BRANDING VISUAL**", exploraremos como combinar elementos visuais com o storytelling para criar uma identidade de marca inesquecível. A combinação de uma narrativa poderosa com uma identidade visual coesa pode transformar significativamente como sua marca é percebida e experimentada pelo seu público. Prepare-se para mergulhar no mundo visual da sua marca, onde cada cor, forma e imagem conta uma parte da sua história.

BRANDING VISUAL

A identidade visual de uma marca é uma das suas ferramentas de comunicação mais poderosas. Uma combinação coesa de elementos visuais não só captura a atenção do seu público, mas também comunica os valores e a essência da sua marca sem a necessidade de palavras. Neste capítulo, exploraremos os componentes chave do branding visual e como eles podem ser utilizados para fortalecer sua presença no mercado, criar uma conexão emocional com o público e contar a história da sua marca de maneira impactante.

ELEMENTOS DO BRANDING VISUAL

- **Logotipo:** O coração da sua identidade visual, o logotipo da sua marca deve ser reconhecível, memorável e um reflexo fiel dos valores da sua marca.

- **Paleta de cores:** Como discutido anteriormente, as cores têm um profundo impacto psicológico nos consumidores. A paleta de cores da sua marca deve ser escolhida cuidadosamente para evocar as emoções e associações desejadas.

- **Tipografia:** A fonte ou conjunto de fontes que você escolhe deve complementar o seu logotipo e paleta de cores, além de ser legível em uma variedade de tamanhos e mídias.

- **Estilo de imagem:** Seja através de fotografias, ilustrações ou gráficos, o estilo de imagem da sua marca deve ser consistente e alinhar-se com a personalidade e o posicionamento da marca.

- **Material de marketing e embalagem:** Todos os materiais de marketing, embalagens de produtos e quaisquer outros pontos de contato com o cliente devem refletir a identidade visual da sua marca, criando uma experiência coesa e integrada.

CRIANDO UMA IDENTIDADE VISUAL FORTE

- **Consistência é a chave:** Para construir reconhecimento e confiança, é crucial que sua identidade visual seja consistente em todas as plataformas e pontos de contato.

- **Simplicidade:** Uma identidade visual simples e clara é mais facilmente reconhecível e memorável. Evite complicar seu design com elementos desnecessários.

- **Adaptação e flexibilidade:** Sua identidade visual deve ser flexível o suficiente para se adaptar a diferentes mídias e aplicações sem perder sua essência.

- **História visual:** Integre elementos da sua narrativa de marca em sua identidade visual. Isso pode ajudar a contar a história da sua marca de forma mais intuitiva e emocional.

APLICAÇÃO PRÁTICA

Considere cada ponto de contato que seu cliente tem com sua marca como uma oportunidade para reforçar sua identidade visual. Isso inclui seu site, mídias sociais, embalagens, material de ponto de venda, e até mesmo o design do seu espaço físico (se aplicável). Em cada um desses pontos, pergunte-se: "Isso representa fielmente a minha marca?" e "Isso contribui para a história que quero contar?".

Uma identidade visual forte é essencial para comunicar eficazmente a personalidade e os valores da sua marca, diferenciando-a no mercado e criando uma conexão duradoura com seu público. Ao alinhar cuidadosamente todos os elementos visuais da sua marca, você cria uma experiência de marca coesa e envolvente que não só atrai a atenção dos consumidores, mas também fomenta a lealdade e o reconhecimento.

À medida que avançamos para o próximo capítulo, "**CONSISTÊNCIA DA MARCA**", aprofundaremos a importância de manter essa identidade visual e a essência da marca consistentes em todos os pontos de contato. Veremos como a consistência não apenas reforça a identidade e o posicionamento da marca, mas também constrói confiança e credibilidade no mercado. Prepare-se para descobrir estratégias para manter sua marca consistentemente reconhecível e ressonante com seu público em cada interação.

CONSISTÊNCIA DA MARCA

A consistência da marca é o fio condutor que une todos os elementos do seu branding, desde a identidade visual até o tom de voz e a mensagem central. Ela é fundamental para construir reconhecimento, confiança e lealdade entre seu público. Neste capítulo, exploraremos por que a consistência da marca é crucial para o sucesso a longo prazo e como você pode garantir que sua marca seja consistentemente percebida, independentemente do ponto de contato com o cliente.

A IMPORTÂNCIA DA CONSISTÊNCIA DA MARCA

- **Reconhecimento imediato:** A consistência ajuda seu público a reconhecer instantaneamente sua marca, independentemente do contexto. Isso é crucial em um mercado saturado onde a atenção do consumidor é altamente disputada.

- **Construção de confiança:** Quando sua marca é consistente em todos os pontos de contato, isso transmite confiabilidade. Os consumidores tendem a confiar mais e se sentir mais confortáveis com marcas que reconhecem e entendem.

- **Fortalecimento da identidade da marca:** A consistência reforça sua identidade de marca cada vez que o consumidor entra em contato com ela, seja visualmente ou por meio da mensagem.

- **Diferenciação no mercado:** Uma marca consistente se destaca, garantindo que sua proposta de valor única e identidade de marca sejam claramente comunicadas e percebidas pelo público.

ESTRATÉGIAS PARA MANTER A CONSISTÊNCIA DA MARCA

1 - Desenvolva um guia de identidade da marca: Um guia de estilo ou manual de marca é essencial. Ele deve detalhar todos os aspectos da sua marca, incluindo logotipo, paleta de cores, tipografia, estilo de imagem, tom de voz e mais.

Isso assegura que todos que trabalham com a marca estejam alinhados.

2 - Treine sua equipe: Garanta que todos na sua organização entendam a importância da consistência da marca e saibam como aplicá-la em seu trabalho diário. Isso inclui desde a equipe de marketing até o atendimento ao cliente.

3 - Monitore e revise regularmente: O mercado está sempre mudando, e sua marca pode precisar se adaptar. No entanto, quaisquer ajustes ou atualizações na sua marca devem ser cuidadosamente gerenciados para manter a consistência.

4 - Use tecnologia a seu favor: Ferramentas de gestão de marca e softwares de automação de marketing podem ajudar a manter a consistência, especialmente em empresas com múltiplos canais de comunicação.

5 - Seja consistente, mas não estático: Enquanto a consistência é chave, sua marca também deve ser flexível o suficiente para se adaptar e responder às mudanças do mercado ou às necessidades dos consumidores, sem perder sua essência.

APLICAÇÃO PRÁTICA

Na prática, a consistência da marca se estende desde a forma como os e-mails são formatados até a experiência do usuário no seu site, passando pela embalagem do produto e as postagens nas redes sociais. Em cada detalhe, pergunte-se se a apresentação está alinhada com o guia de identidade da marca e se ela reforça a mensagem e os valores que você deseja comunicar.

A consistência da marca é fundamental para criar uma experiência de marca coesa e confiável. Ela não apenas ajuda na construção de um forte reconhecimento e lealdade de marca, mas também serve como uma base sólida sobre a qual sua estratégia de marketing pode se desenvolver e evoluir. Ao investir tempo e recursos para garantir a consistência da marca em todos os pontos de contato, você está construindo um ativo valioso que beneficiará sua empresa a longo prazo.

À medida que avançamos para o próximo capítulo, "**EXPERIÊNCIA DO CLIENTE**", vamos explorar como essa consistência de marca se traduz em criar experiências memoráveis que não apenas satisfaçam, mas também superem as expectativas dos seus clientes. Junte-se a nós para aprender como aperfeiçoar cada interação com o cliente, transformando-os em defensores leais da sua marca.

EXPERIÊNCIA DO CLIENTE

A experiência do cliente é o conjunto de percepções e sentimentos resultantes das interações de um indivíduo com a sua marca, desde o primeiro contato até o pós-venda. Neste capítulo, focaremos em como a consistência da marca que discutimos anteriormente pode ser a base para criar experiências memoráveis que não só satisfazem, mas encantam seu público, fortalecendo a lealdade à marca e impulsionando as vendas.

A IMPORTÂNCIA DA EXPERIÊNCIA DO CLIENTE

- **Diferenciação competitiva:** Em um mercado onde os produtos e serviços muitas vezes se tornam commodities, uma experiência de cliente excepcional pode ser o seu maior diferencial.

- **Lealdade do cliente:** Clientes satisfeitos tendem a ser clientes leais. Uma experiência positiva aumenta a probabilidade de recompra e recomendação.

- **Advocacia da marca:** Clientes encantados não apenas voltam, mas se tornam embaixadores da sua marca, compartilhando suas experiências positivas com outros.

ELEMENTOS-CHAVE PARA CRIAR UMA EXPERIÊNCIA DO CLIENTE MEMORÁVEL

1 - **Entenda seu cliente:** Use dados e feedback para entender as necessidades, desejos e expectativas do seu público. Personalize a experiência para atender ou superar essas expectativas.

2 - **Jornada do cliente consistente:** Garanta que cada ponto de contato na jornada do cliente - seja online ou offline - seja coeso e reflita a identidade e os valores da sua marca. Isso inclui desde a navegação no site até o atendimento ao cliente e o pós-venda.

3 - **Qualidade e valor:** Certifique-se de que seus produtos ou serviços entregam o valor prometido. A qualidade é um

componente crucial da experiência do cliente.

4 - Facilidade e conveniência: Remova obstáculos e torne cada interação com a sua marca o mais simples e conveniente possível. Isso pode incluir um website intuitivo, processos de checkout simplificados e políticas de devolução fáceis.

5 - Emoção e engajamento: Crie momentos "Uau" que geram emoção e engajamento. Pequenas surpresas, atenção aos detalhes e gestos de apreciação podem fazer uma grande diferença na percepção do cliente.

APLICANDO A EXPERIÊNCIA DO CLIENTE NA PRÁTICA

- **Feedback constante:** Use pesquisas, avaliações e feedback direto para medir a satisfação do cliente e identificar áreas para melhoria.

- **Treinamento de funcionários:** Certifique-se de que todos os funcionários entendam a importância da experiência do cliente e como contribuir para ela. Funcionários felizes e bem treinados são essenciais para entregar uma experiência positiva.

- **Tecnologia como facilitadora:** Utilize tecnologia para aprimorar a experiência do cliente, seja através de chatbots para atendimento rápido ou sistemas de CRM para personalização.

A experiência do cliente é uma parte fundamental do seu branding e um elemento crítico para o sucesso do seu negócio. Ela começa com a primeira impressão e se estende por toda a relação do cliente com sua marca. Ao investir na criação de experiências memoráveis, você não só aumenta a satisfação e a lealdade do cliente, mas também estabelece uma base sólida para o crescimento sustentável do seu negócio.

No próximo capítulo, "**BRANDING DIGITAL E REDES SOCIAIS**", exploraremos como a experiência do cliente se estende ao ambiente digital e como as redes sociais podem ser uma ferramenta poderosa para fortalecer sua marca e engajar seu público. Prepare-se para mergulhar no mundo digital e descobrir estratégias para ampliar o alcance da sua marca e criar conexões significativas online.

BRANDING DIGITAL E REDES SOCIAIS

No atual ecossistema digital, o branding e as redes sociais são inseparáveis. A presença online oferece às marcas uma oportunidade sem precedentes de se conectar com o público globalmente, compartilhar sua história e construir relacionamentos duradouros. Neste capítulo, exploraremos como integrar efetivamente sua estratégia de branding ao mundo digital e como utilizar as redes sociais para amplificar sua mensagem, engajar seu público e fortalecer sua identidade de marca.

O IMPACTO DO BRANDING DIGITAL

- **Visibilidade aumentada:** Uma presença digital forte aumenta significativamente a visibilidade da sua marca, permitindo que você alcance um público mais amplo.

- **Conexão em tempo real:** As redes sociais oferecem a capacidade de se conectar e interagir com seu público em tempo real, promovendo uma comunicação bidirecional que pode fortalecer o relacionamento com a marca.

- **Segmentação e personalização:** A tecnologia digital permite segmentar seu público com precisão e personalizar sua comunicação, tornando-a mais relevante e eficaz.

ESTRATÉGIAS PARA O BRANDING DIGITAL E REDES SOCIAIS

1 - **Mantenha a consistência da marca:** Assegure que sua identidade visual e mensagem de marca sejam consistentes em todos os canais digitais para criar uma experiência de marca coesa.

2 - **Conteúdo de valor:** Publique conteúdo que seja informativo, útil e, acima de tudo, valioso para seu público. O conteúdo de qualidade não apenas atrai seguidores, mas também incentiva o engajamento e compartilhamento.

3 - **Engajamento ativo:** Interaja com seu público respondendo a comentários, mensagens e participando de conversas. O engajamento ativo mostra que você valoriza

seus seguidores e ajuda a construir uma comunidade em torno da sua marca.

4 - Campanhas e promoções: Utilize as redes sociais para lançar campanhas, promoções exclusivas ou concursos que incentivem a participação do público e promovam a visibilidade da marca.

5 - Monitoramento e análise: Utilize ferramentas de monitoramento e análise para acompanhar o desempenho das suas ações nas redes sociais, entender o comportamento do seu público e ajustar sua estratégia conforme necessário.

APLICAÇÃO PRÁTICA

- **Calendário de conteúdo:** Desenvolva um calendário de conteúdo para planejar suas publicações, garantindo uma mistura equilibrada de tipos de conteúdo que reflitam sua marca e engajem seu público.

- **Histórias e vídeos:** Aproveite o poder das histórias e vídeos para contar sua história de marca de maneira mais dinâmica e visualmente atraente.

- **Parcerias e influenciadores:** Considere colaborar com influenciadores ou outras marcas que compartilhem valores semelhantes para expandir seu alcance e reforçar sua mensagem de marca.

O branding digital e as redes sociais são componentes essenciais da estratégia de marketing moderna. Eles não apenas ampliam o alcance da sua marca, mas também oferecem plataformas poderosas para contar sua história, engajar seu público e construir uma identidade de marca forte no espaço digital.

À medida que avançamos para o próximo capítulo, "**SEO E BRANDING**", exploraremos como otimizar sua presença online para os motores de busca pode reforçar ainda mais sua marca e garantir que seu conteúdo seja encontrado pelo seu público-alvo. Prepare-se para descobrir estratégias essenciais de SEO que trabalham em conjunto com seu branding digital para maximizar a visibilidade e o impacto online da sua marca.

SEO E BRANDING

A otimização para mecanismos de busca (SEO) é um pilar fundamental para qualquer estratégia de branding digital. O SEO não apenas aumenta a visibilidade da sua marca nos resultados de pesquisa online, mas também reforça a credibilidade e a autoridade da sua marca no espaço digital. Neste capítulo, abordaremos como integrar o SEO à sua estratégia de branding, garantindo que sua marca não só seja encontrada online, mas também percebida positivamente pelo seu público-alvo.

A RELAÇÃO ENTRE SEO E BRANDING

- **Visibilidade aumentada:** Estratégias de SEO eficazes colocam sua marca em destaque nos resultados de pesquisa, aumentando a probabilidade de ser encontrada por potenciais clientes.

- **Construção de credibilidade:** Estar bem posicionado nos resultados de busca transmite uma imagem de autoridade e confiabilidade, elementos-chave para o fortalecimento do branding.

- **Experiência do usuário:** O SEO vai além das palavras-chave; envolve a otimização da experiência do usuário em seu site, o que é essencial para uma percepção positiva da marca.

ESTRATÉGIAS DE SEO PARA FORTALECER SUA MARCA

1 - **Pesquisa de Palavras-Chave de Marca:** Identifique e utilize palavras-chave relacionadas à sua marca e ao seu nicho. Isso inclui termos que seu público-alvo usa para encontrar serviços ou produtos como os seus.

2 - **Conteúdo de Qualidade:** Crie conteúdo relevante, informativo e valioso que responda às necessidades e perguntas do seu público. Conteúdo de alta qualidade é mais provável de ganhar posições elevadas nos resultados de busca.

3 - **Otimização On-Page:** Garanta que todas as páginas do

seu site estejam otimizadas para SEO, incluindo títulos, meta descrições, cabeçalhos e imagens. Isso ajuda os motores de busca a entenderem melhor o conteúdo da sua página e a classificá-la de forma apropriada.

4 - Estratégia de Link Building: Obtenha links de alta qualidade de outros sites para o seu. Links externos funcionam como votos de confiança para os motores de busca, aumentando a autoridade do seu site.

5 - Otimização para Dispositivos Móveis: Com o aumento do uso de dispositivos móveis, ter um site responsivo que se adapte a diferentes tamanhos de tela é essencial para uma boa classificação nos resultados de pesquisa.

APLICAÇÃO PRÁTICA

- **Análise de competidores:** Analise como seus concorrentes estão posicionados nos resultados de busca e identifique oportunidades para diferenciar sua estratégia de SEO.

- **Auditorias de SEO regularmente:** Realize auditorias de SEO periodicamente para identificar e corrigir problemas que podem estar afetando negativamente o ranking do seu site.

- **Métricas e monitoramento:** Utilize ferramentas de análise para monitorar o desempenho do seu site nos motores de busca, incluindo tráfego, classificações de palavras-chave e comportamento do usuário.

Integrar SEO à sua estratégia de branding digital é fundamental para garantir que sua marca não só seja visível online, mas também percebida como autoritária e confiável. Ao otimizar seu site e conteúdo para os motores de busca, você aumenta as chances de atrair um público relevante, construir credibilidade no mercado e, em última análise, fortalecer a identidade da sua marca.

No próximo capítulo, **"MARKETING DE CONTEÚDO"**,

aprofundaremos como criar e utilizar conteúdo valioso para não apenas melhorar seu SEO, mas também engajar seu público e reforçar a mensagem da sua marca. Esteja preparado para explorar estratégias eficazes de marketing de conteúdo que alavancam o poder do storytelling e da informação para elevar sua presença de marca no espaço digital.

MARKETING DE CONTEÚDO

O marketing de conteúdo é uma estratégia fundamental para engajar o público, estabelecer autoridade no mercado e reforçar a identidade da sua marca. Ao criar e distribuir conteúdo relevante e valioso, você não só melhora sua visibilidade online, como também constrói uma relação de confiança com seu público. Neste capítulo, exploraremos como utilizar o marketing de conteúdo para ampliar o alcance da sua marca, envolver seu público-alvo e fortalecer o seu branding.

A IMPORTÂNCIA DO MARKETING DE CONTEÚDO

- **Engajamento do público:** Conteúdo de qualidade ajuda a engajar seu público, fornecendo informações úteis ou entretenimento que ressoa com seus interesses e necessidades.

- **Construção de confiança:** Ao compartilhar conteúdo que demonstra conhecimento e autoridade em sua área, você constrói confiança com seu público, o que é essencial para um relacionamento duradouro.

- **Suporte ao SEO:** Conteúdo relevante e otimizado pode melhorar significativamente sua visibilidade nos mecanismos de busca, atraindo mais tráfego orgânico para seu site.

- **Geração de leads:** Conteúdo valioso é uma excelente ferramenta para capturar leads, oferecendo recursos gratuitos em troca de informações de contato.

ESTRATÉGIAS EFETIVAS DE MARKETING DE CONTEÚDO

1 - **Defina sua audiência:** Conheça profundamente seu público-alvo para criar conteúdo que atenda às suas necessidades específicas e ressoe com seus interesses.

2 - **Diversifique seus formatos de conteúdo:** Explore diferentes formatos de conteúdo, como blog posts, vídeos, podcasts, infográficos e e-books, para atingir seu público em

vários canais e formatos preferidos.

3 - Crie conteúdo de valor: Foque em produzir conteúdo que seja educativo, informativo ou entretenimento, sempre com o objetivo de agregar valor à experiência do seu público.

4 - Promova seu conteúdo: Utilize canais de mídia social, e-mail marketing e outras plataformas digitais para promover seu conteúdo e alcançar uma audiência maior.

5 - Mensure e ajuste: Acompanhe o desempenho do seu conteúdo utilizando ferramentas analíticas e faça ajustes conforme necessário para melhorar os resultados.

APLICAÇÃO PRÁTICA

- **Calendário editorial:** Desenvolva um calendário editorial para planejar e organizar a produção e publicação do seu conteúdo, garantindo uma frequência constante e temas relevantes para sua audiência.

- **Histórias de sucesso:** Compartilhe estudos de caso e depoimentos de clientes satisfeitos para mostrar o impacto real da sua marca na vida das pessoas.

- **Conteúdo interativo:** Invista em quizzes, enquetes e outras formas de conteúdo interativo para aumentar o engajamento e a participação do público.

O marketing de conteúdo é uma poderosa ferramenta de branding que permite a você comunicar a essência da sua marca, demonstrar sua expertise no setor e construir um relacionamento sólido com seu público. Ao investir em conteúdo de qualidade e promovê-lo eficazmente, você não só melhora sua presença online, como também estabelece sua marca como uma referência no mercado.

No próximo capítulo, **"ESTRATÉGIAS DE PRECIFICAÇÃO"**, vamos explorar como a precificação dos seus produtos e serviços influencia a percepção da sua marca e quais estratégias você pode adotar para utilizá-la a seu favor. Esteja pronto para entender como o preço pode ser um diferencial competitivo e um elemento chave no fortalecimento do seu branding.

ESTRATÉGIAS DE PRECIFICAÇÃO

A estratégia de precificação é um componente crucial do branding, pois afeta diretamente a percepção de valor da sua marca pelo mercado. Um preço bem definido não apenas reflete o valor que você oferece, mas também posiciona sua marca de forma estratégica no espectro competitivo. Neste capítulo, abordaremos como usar o preço como uma ferramenta de branding para reforçar a identidade da sua marca, comunicar o valor aos seus clientes e alcançar seus objetivos de negócio.

A INFLUÊNCIA DO PREÇO NO BRANDING

- **Percepção de valor:** O preço é um indicador significativo do valor percebido. Preços altos podem sugerir qualidade superior, enquanto preços baixos podem ser associados a acessibilidade.

- **Posicionamento de mercado:** Sua estratégia de preço ajuda a definir o posicionamento da sua marca no mercado, seja como uma opção premium ou como uma alternativa de custo-benefício.

- **Decisões de compra:** O preço influencia diretamente a decisão de compra do consumidor. Uma estratégia de preço eficaz pode motivar a compra e aumentar a lealdade à marca.

ESTRATÉGIAS EFETIVAS DE PRECIFICAÇÃO

1 - **Precificação baseada em valor:** Estabeleça preços baseados no valor percebido do seu produto ou serviço pelo cliente, considerando os benefícios e a diferenciação que você oferece.

2 - **Precificação por desnatação:** Inicie com preços altos para produtos inovadores ou de nicho e diminua gradualmente ao longo do tempo. Esta estratégia pode ajudar a maximizar os lucros nas fases iniciais do ciclo de vida do produto.

3 - **Precificação por penetração:** Defina preços baixos para entrar rapidamente no mercado e ganhar participação. Após

estabelecer uma base de clientes sólida, você pode ajustar os preços para refletir melhor o valor oferecido.

4 - Psicologia de preços: Utilize táticas psicológicas, como a precificação com terminação em "9" (por exemplo, $19,99 em vez de $20), para tornar o preço mais atraente.

5 - Precificação dinâmica: Adapte seus preços com base em fatores como demanda, concorrência e sazonalidade para otimizar lucros e competitividade.

APLICAÇÃO PRÁTICA

- **Análise competitiva:** Monitore constantemente os preços dos concorrentes e o posicionamento de mercado para garantir que sua estratégia de precificação esteja alinhada com os objetivos de branding e mercado-alvo.

- **Comunicação clara:** Comunique claramente o valor que justifica seu preço, destacando os diferenciais, benefícios e a qualidade superior do seu produto ou serviço.

- **Testes A/B:** Realize testes A/B com diferentes estratégias de precificação para identificar o ponto ótimo de preço que maximiza tanto as vendas quanto a percepção de valor.

A estratégia de precificação é uma ferramenta poderosa de branding que deve ser utilizada com cuidado para reforçar a identidade da sua marca e comunicar o valor ao seu público. Além de influenciar diretamente as vendas e a rentabilidade, o preço afeta a percepção de valor e pode estabelecer sua marca como uma líder de mercado, uma opção de luxo, ou uma alternativa acessível. Escolher a estratégia de precificação correta requer um entendimento profundo do seu público-alvo, dos seus objetivos de negócio e do valor único que sua marca oferece.

Avançando, no próximo capítulo, **"EMPACOTAMENTO DO PRODUTO"**, exploraremos como a apresentação e o design de seus produtos podem complementar sua estratégia de preços e reforçar ainda mais a identidade e o valor da sua marca. Esteja preparado para descobrir como a embalagem do produto se torna uma extensão do seu branding, influenciando a percepção do consumidor e a experiência de compra.

EMPACOTAMENTO DO PRODUTO

O empacotamento do produto é muito mais do que uma simples proteção para o seu item; é uma poderosa ferramenta de comunicação da sua marca que desempenha um papel crucial na decisão de compra dos consumidores. Uma embalagem bem projetada não só captura a atenção na prateleira, mas também comunica os valores da sua marca, reforça sua identidade e pode até mesmo ser decisiva na percepção de valor do seu produto. Neste capítulo, vamos explorar a importância do design de embalagem no contexto do branding e como ele pode ser utilizado para complementar sua estratégia de precificação e potencializar a experiência do consumidor.

A IMPORTÂNCIA DA EMBALAGEM NO BRANDING

- **Primeira impressão:** Para muitos consumidores, a embalagem é o primeiro ponto de contato físico com a marca. Uma primeira impressão positiva pode influenciar significativamente a decisão de compra.

- **Comunicação de valor:** A qualidade e o design da embalagem refletem diretamente na percepção de valor do produto. Uma embalagem premium pode justificar um preço mais alto, enquanto uma embalagem prática e acessível pode atrair consumidores conscientes sobre custos.

- **Diferenciação no mercado:** Uma embalagem única e inovadora pode diferenciar seu produto dos concorrentes, tornando-o mais reconhecível e memorável para os consumidores.

ESTRATÉGIAS EFETIVAS DE EMPACOTAMENTO DO PRODUTO

1 - Alinhe o design com a identidade da marca: Garanta que o design da embalagem reflita a identidade visual e os valores da sua marca, incluindo logotipo, cores e tipografia.

2 - Foque na experiência do usuário: Considere a funcionalidade e a facilidade de uso na concepção da embalagem. Uma experiência de unboxing memorável pode melhorar a percepção da marca e incentivar o compartilhamento nas redes sociais.

3 - Sustentabilidade: Embalagens ecológicas não só atendem à crescente demanda por produtos sustentáveis, mas também comunicam o compromisso da sua marca com o meio ambiente.

4 - Informações claras e concisas: Inclua informações essenciais sobre o produto de forma clara e acessível, sem sobrecarregar a embalagem com texto excessivo.

5 - Inovação: Explore materiais, formas e tecnologias inovadoras para criar uma embalagem que se destaque e atraia a atenção dos consumidores.

APLICAÇÃO PRÁTICA

- **Testes de mercado:** Antes de finalizar o design da embalagem, realize testes de mercado para coletar feedback dos consumidores e ajustar o design conforme necessário.

- **História da marca:** Use a embalagem como uma plataforma para contar a história da sua marca, incorporando elementos de design que comuniquem sua missão, visão e valores.

- **Considerações de logística:** Considere as implicações logísticas do seu design de embalagem, incluindo armazenamento, transporte e exibição no ponto de venda, para garantir que a embalagem seja prática além de atraente.

O design da embalagem é um elemento essencial do branding que influencia diretamente a percepção do consumidor e a decisão de compra. Uma embalagem bem concebida não apenas protege o produto, mas também serve como uma ferramenta de comunicação silenciosa que transmite os valores e a essência da sua marca. Ao alinhar sua estratégia de embalagem com a identidade da sua marca e os objetivos de marketing, você pode criar uma experiência memorável para o consumidor que reforça a lealdade à marca e impulsiona as vendas.

À medida que avançamos para o próximo capítulo, "**PUBLICIDADE E PROMOÇÕES**", vamos explorar como você pode utilizar campanhas publicitárias criativas e promoções estratégicas para ampliar ainda mais o reconhecimento da sua marca e incentivar a ação entre os consumidores. Esteja pronto para aprender a combinar táticas de publicidade tradicionais e digitais para criar uma campanha coesa que ressoe com seu público e amplie o alcance da sua marca.

PUBLICIDADE E PROMOÇÕES

A publicidade e as promoções são componentes vitais do mix de marketing que ajudam a ampliar o reconhecimento da marca e incentivar a ação entre os consumidores. Enquanto a publicidade visa criar uma imagem de marca positiva e informar o público sobre os produtos ou serviços, as promoções frequentemente buscam estimular uma ação imediata, como a compra. Neste capítulo, vamos explorar estratégias eficazes de publicidade e promoção que podem ser utilizadas para reforçar sua marca, engajar seu público e, em última análise, impulsionar suas vendas.

INTEGRANDO PUBLICIDADE E PROMOÇÕES AO BRANDING

- **Coerência com a identidade da marca:** Todas as campanhas publicitárias e promoções devem estar alinhadas com a identidade e os valores da sua marca para garantir uma mensagem coesa.

- **Conexão emocional:** Utilize a publicidade para criar uma conexão emocional com seu público, contando histórias que ressoem com seus desejos, necessidades e aspirações.

- **Foco no valor:** Destaque o valor único que sua marca oferece nas suas campanhas, diferenciando-se da concorrência.

ESTRATÉGIAS EFETIVAS DE PUBLICIDADE E PROMOÇÕES

1 - **Campanhas integradas:** Desenvolva campanhas que combinem vários canais de mídia, como redes sociais, e-mail marketing, publicidade online e mídia tradicional, para alcançar um público amplo.

2 - **Ofertas por tempo limitado:** Crie um senso de urgência com promoções por tempo limitado, incentivando os consumidores a agirem rapidamente para aproveitar as ofertas.

3 - **Programas de fidelidade:** Incentive a lealdade à marca com programas de recompensas que ofereçam benefícios

exclusivos para clientes recorrentes.

4 - Eventos e patrocínios: Participe ou patrocine eventos que se alinhem com sua marca para aumentar a visibilidade e engajar com seu público em um contexto relevante.

5 - Conteúdo patrocinado e parcerias: Colabore com influenciadores ou marcas complementares para alcançar novos públicos e adicionar credibilidade à sua mensagem.

APLICAÇÃO PRÁTICA

- **Teste A/B em campanhas publicitárias:** Teste diferentes abordagens em suas campanhas para identificar quais mensagens, ofertas ou canais têm o melhor desempenho.

- **Análise de resultados:** Use ferramentas de análise para monitorar o desempenho das suas campanhas e promoções, ajustando suas estratégias com base nos dados coletados.

- **Feedback do cliente:** Colete feedback diretamente dos consumidores para entender como suas campanhas estão sendo percebidas e como podem ser melhoradas.

Publicidade e promoções eficazes não apenas ajudam a aumentar o reconhecimento da marca e impulsionar vendas, mas também reforçam a identidade da sua marca e fortalecem a conexão com seu público. Ao planejar e executar campanhas que estão alinhadas com a essência da sua marca e as necessidades do seu público, você pode criar experiências memoráveis que incentivam a lealdade e promovem o crescimento sustentável do seu negócio.

No próximo capítulo, **"RELACIONAMENTO COM O CLIENTE"**, exploraremos como desenvolver e manter relacionamentos positivos com os clientes para fomentar a lealdade e impulsionar a advocacia da marca. Prepare-se para aprender estratégias que vão além da transação inicial, criando uma base sólida de clientes satisfeitos e engajados.

RELACIONAMENTO COM O CLIENTE

O relacionamento com o cliente é um pilar fundamental para o sucesso de qualquer marca. Mais do que transações comerciais, é sobre construir uma conexão duradoura que promova lealdade, recomendações boca a boca e um ciclo contínuo de negócios. Neste capítulo, discutiremos estratégias para desenvolver e manter relacionamentos positivos com seus clientes, transformando-os em defensores fervorosos da sua marca.

A IMPORTÂNCIA DO RELACIONAMENTO COM O CLIENTE

- **Lealdade do cliente:** Um relacionamento forte incentiva a lealdade, o que é essencial para retenção e para aumentar o valor do ciclo de vida do cliente.

- **Feedback valioso:** Relacionamentos sólidos incentivam os clientes a compartilharem feedback, proporcionando insights cruciais para melhorias.

- **Advocacia da marca:** Clientes satisfeitos tornam-se embaixadores da sua marca, recomendando seus produtos ou serviços a amigos e familiares.

ESTRATÉGIAS PARA FORTALECER O RELACIONAMENTO COM O CLIENTE

1 - **Comunicação personalizada:** Utilize dados dos clientes para personalizar comunicações, tornando-as mais relevantes e engajadoras. Mostre que você conhece e valoriza cada cliente individualmente.

2 - **Atendimento ao cliente de excelência:** Garanta um serviço de atendimento rápido, eficiente e que supere as expectativas. Funcionários bem treinados e empáticos são fundamentais para solucionar problemas e responder dúvidas.

3 - **Programas de fidelidade:** Crie programas de fidelidade que recompensem os clientes por compras repetidas, incentivando-os a continuar escolhendo sua marca.

4 - Engajamento contínuo: Mantenha um diálogo contínuo com seus clientes através de newsletters, mídias sociais e eventos, mantendo-os informados e envolvidos com a marca.

5 - Pós-venda e suporte: O relacionamento não termina na venda. Ofereça suporte de qualidade e check-ins pós-venda para garantir a satisfação do cliente e resolver rapidamente quaisquer problemas que possam surgir.

APLICAÇÃO PRÁTICA

- **Solicitação de feedback:** Regularmente, peça feedback aos seus clientes sobre seus produtos, serviços e experiência geral de compra. Use essas informações para fazer ajustes e melhorias.

- **Surpresas e gestos de apreciação:** Pequenos gestos, como um produto gratuito no aniversário do cliente ou um desconto surpresa, podem fazer uma grande diferença na percepção da marca.

- **Comunidade:** Construa uma comunidade em torno da sua marca, incentivando os clientes a se conectarem uns com os outros e com sua empresa, por exemplo, através de grupos nas redes sociais ou fóruns online.

O relacionamento com o cliente é uma jornada contínua que requer atenção constante e esforço dedicado. Ao adotar uma abordagem centrada no cliente, focada na construção de conexões genuínas e na entrega de valor excepcional, você pode transformar clientes casuais em defensores leais da marca. Essa lealdade não só impulsiona o crescimento sustentável, como também fortalece a reputação e a confiança na sua marca.

No próximo capítulo, **"FEEDBACK DO CLIENTE"**, exploraremos como coletar, analisar e agir com base no feedback dos clientes para aprimorar continuamente seus produtos, serviços e a experiência geral do cliente, fechando o loop do relacionamento com o cliente de maneira eficaz.

FEEDBACK DO CLIENTE

O feedback do cliente é uma ferramenta inestimável para qualquer negócio que busca não apenas sobreviver, mas prosperar em um mercado competitivo. Ele oferece insights diretos sobre o que sua empresa está fazendo bem e onde há espaço para melhoria. Este capítulo abordará a importância de coletar, analisar e agir com base no feedback dos clientes, destacando como essas práticas podem transformar a experiência do cliente e impulsionar o desenvolvimento do produto e do serviço.

A IMPORTÂNCIA DO FEEDBACK DO CLIENTE

- **Melhoria contínua:** O feedback fornece informações críticas que podem ser usadas para aprimorar produtos, serviços e processos.

- **Decisões baseadas em dados:** As opiniões dos clientes ajudam a tomar decisões informadas, reduzindo a incerteza e aumentando a eficácia das estratégias adotadas.

- **Relacionamento fortalecido:** Solicitar e agir com base no feedback demonstra aos clientes que sua empresa valoriza suas opiniões, fortalecendo o relacionamento.

ESTRATÉGIAS PARA COLETAR FEEDBACK DO CLIENTE

1 - **Pesquisas de satisfação:** Utilize pesquisas online, por e-mail ou mesmo físicas para coletar opiniões sobre diversos aspectos da experiência do cliente.

2 - **Canais de mídia social:** As plataformas de mídia social são locais ideais para ouvir o que os clientes têm a dizer sobre sua marca, seja em comentários, mensagens diretas ou através de hashtags.

3 - **Grupos de foco:** Realize sessões com grupos pequenos de clientes para obter feedback detalhado sobre produtos específicos ou experiências de serviço.

4 - **Feedback direto:** Incentive o feedback direto em todos os pontos de contato, seja no ponto de venda, pelo site ou via

atendimento ao cliente.

ANALISANDO E AGINDO COM BASE NO FEEDBACK

1 - Identifique padrões: Analise o feedback para identificar tendências e padrões que possam indicar pontos fortes ou áreas que necessitam de atenção.

2 - Priorize ações: Nem todos os feedbacks requerem ação imediata. Priorize as mudanças baseadas na frequência do feedback e no impacto potencial na experiência do cliente ou na operação.

3 - Implemente mudanças: Faça as alterações necessárias, seja no produto, serviço ou em processos internos, para abordar as preocupações dos clientes e melhorar a satisfação.

4 - Comunique-se: Informe aos clientes como seus comentários foram utilizados. Isso mostra que você valoriza suas opiniões e está comprometido em melhorar.

APLICAÇÃO PRÁTICA

- Feedback em tempo real: Implemente ferramentas ou sistemas que permitam coletar e responder ao feedback do cliente em tempo real, melhorando a agilidade da sua resposta.

- Dashboard de feedback: Crie um painel para acompanhar e analisar o feedback dos clientes, facilitando a visualização de dados e a tomada de decisões.

- Cultura de feedback: Cultive uma cultura empresarial que valoriza o feedback, incentivando funcionários a solicitar e responder às opiniões dos clientes de forma positiva.

O feedback do cliente é um recurso precioso que deve ser coletado, analisado e implementado de maneira sistemática. Ele permite não apenas a melhoria contínua de produtos e serviços, mas também fortalece o relacionamento com o cliente, criando uma base de lealdade e confiança. Adotar uma abordagem proativa para gerenciar o feedback do cliente é essencial para manter sua marca relevante e competitiva.

Avançando, no próximo capítulo, **"PARCERIAS DE MARCA"**, exploraremos como alianças estratégicas com outras marcas podem ampliar o alcance da sua marca e influenciar positivamente as vendas e a percepção do cliente. Esteja preparado para descobrir como essas parcerias podem abrir novos caminhos para o crescimento e a inovação.

PARCERIAS DE MARCA

As parcerias de marca representam uma estratégia poderosa para empresas que buscam ampliar seu alcance, reforçar sua identidade e impulsionar o crescimento. Ao unir forças com outras marcas que compartilham valores semelhantes e possuem um público complementar, as empresas podem criar sinergias que beneficiam ambas as partes e, mais importante, oferecem valor adicional aos seus clientes. Neste capítulo, exploraremos a importância das parcerias de marca, como identificar parceiros potenciais e as melhores práticas para maximizar o sucesso dessas colaborações.

A IMPORTÂNCIA DAS PARCERIAS DE MARCA

- **Expansão do público-alvo:** Parcerias permitem que marcas alcancem novos públicos que podem ter sido difíceis de atingir de outra forma.

- **Fortalecimento da credibilidade:** Associar-se a outras marcas respeitáveis pode aumentar a credibilidade e a confiança em sua própria marca.

- **Inovação e diversificação:** Colaborações frequentemente resultam em produtos ou serviços inovadores, diversificando a oferta e mantendo o interesse do público.

- **Eficiência de custo:** Muitas parcerias permitem compartilhar recursos e custos de marketing, tornando as campanhas mais eficientes.

IDENTIFICANDO PARCEIROS POTENCIAIS

1 - **Compatibilidade de valores:** Procure por marcas que compartilhem valores e ética semelhantes. A aliança deve parecer autêntica para os consumidores de ambas as marcas.

2 - **Público complementar:** Idealmente, o público-alvo das marcas parceiras deve se sobrepor de maneira que ambas possam se beneficiar da exposição ampliada.

3 - **Potencial de inovação:** Considere como uma parceria

pode levar à criação de produtos, serviços ou campanhas de marketing inovadoras que beneficiem os consumidores.

MELHORES PRÁTICAS PARA PARCERIAS DE MARCA

1 - Defina objetivos claros: Antes de iniciar uma parceria, assegure-se de que ambos os lados tenham objetivos alinhados e uma compreensão clara do que esperam alcançar.

2 - Comunicação aberta: Mantenha linhas de comunicação abertas e regulares para garantir que ambas as partes estejam na mesma página durante toda a colaboração.

3 - Cocriação de conteúdo: Desenvolva conjuntamente conteúdo de marketing que promova a parceria e destaque os benefícios para o consumidor de maneira criativa e engajadora.

4 - Monitoramento e avaliação: Estabeleça métricas de sucesso desde o início e monitore o progresso regularmente. Use os aprendizados para ajustar e melhorar a parceria continuamente.

APLICAÇÃO PRÁTICA

- Eventos conjuntos: Organize eventos ou workshops que combinem as forças das marcas parceiras para proporcionar experiências únicas aos clientes.

- Pacotes promocionais: Crie ofertas ou pacotes que incluam produtos ou serviços de ambas as marcas, incentivando os consumidores a experimentarem ambas.

- Campanhas cruzadas nas redes sociais: Utilize as plataformas de redes sociais para promoção mútua, alcançando públicos maiores com conteúdo compartilhado e campanhas integradas.

Parcerias de marca são uma estratégia inestimável para ampliar o alcance, reforçar a identidade da marca e estimular o crescimento. Quando executadas corretamente, elas oferecem uma oportunidade única para as marcas se reinventarem, inovarem e oferecerem valor adicional aos seus clientes. A chave para uma parceria de sucesso é escolher o parceiro certo, definir objetivos claros e colaborar estreitamente para garantir que ambas as marcas alcancem resultados positivos.

No próximo capítulo, **"EVENTOS DE MARCA"**, vamos explorar como organizar e utilizar eventos para promover sua marca, engajar clientes e gerar vendas. Eventos oferecem uma plataforma dinâmica para a interação direta com o público, permitindo que as marcas criem experiências memoráveis e fortaleçam seus relacionamentos com os clientes.

EVENTOS DE MARCA

Eventos de marca representam uma oportunidade estratégica para as empresas se conectarem diretamente com seu público, fortalecerem sua imagem e criarem experiências memoráveis que promovam a lealdade do cliente e impulsionem as vendas. Desde lançamentos de produtos até workshops e conferências, os eventos permitem que as marcas demonstrem sua personalidade, compartilhem seus valores e engajem com clientes de maneira interativa. Neste capítulo, discutiremos como planejar e executar eventos de marca eficazes, destacando seu potencial para reforçar o relacionamento com o cliente e ampliar o alcance da marca.

A IMPORTÂNCIA DOS EVENTOS DE MARCA

- **Engajamento direto:** Eventos oferecem uma plataforma para engajamento direto e pessoal com o público, proporcionando uma experiência de marca imersiva.

- **Construção de comunidade:** Eles reúnem pessoas com interesses semelhantes, ajudando a construir e fortalecer a comunidade em torno da sua marca.

- **Geração de conteúdo:** Eventos são uma fonte rica de conteúdo para mídia social e outras plataformas de marketing, desde fotos e vídeos até depoimentos de participantes.

- **Feedback em tempo real:** Permitem coletar feedback imediato sobre produtos ou serviços, oferecendo insights valiosos para melhorias futuras.

PLANEJANDO EVENTOS DE MARCA EFICAZES

1 - **Defina seus objetivos:** Seja lançar um novo produto, educar o mercado sobre sua marca ou fortalecer relações com clientes, ter objetivos claros é fundamental para o sucesso do evento.

2 - **Conheça seu público:** Personalize o evento para atender às expectativas e necessidades do seu público-alvo, garantindo

uma experiência relevante e envolvente.

3 - Escolha o formato adequado: Dependendo dos seus objetivos e público, decida se um evento virtual, presencial ou híbrido é o mais indicado.

4 - Promova seu evento: Utilize todos os canais disponíveis, desde e-mail marketing até redes sociais, para garantir que seu evento alcance o maior público possível.

5 - Proporcione experiências memoráveis: Busque criar momentos únicos que os participantes queiram compartilhar, aumentando o alcance orgânico do evento.

MELHORES PRÁTICAS PARA A EXECUÇÃO

1 - Atenção aos Detalhes: Cada aspecto do evento, da inscrição à execução, deve refletir a qualidade e os valores da sua marca.

2 - Interação e Engajamento: Encoraje a participação ativa dos presentes através de Q&A, enquetes ao vivo, workshops interativos e redes sociais.

3 - Parcerias Estratégicas: Colabore com influenciadores, patrocinadores ou outras marcas para ampliar o alcance do evento e adicionar valor para os participantes.

4 - Medição de Sucesso: Estabeleça métricas claras para avaliar o sucesso do evento, desde o número de participantes até o engajamento nas redes sociais e o feedback pós-evento.

APLICAÇÃO PRÁTICA

- **Eventos de lançamento de produto:** Ofereça aos participantes a primeira chance de experimentar novos produtos, gerando excitação e buzz em torno do lançamento.

- **Workshops educativos:** Posicione sua marca como líder de pensamento, oferecendo workshops que agregam valor e conhecimento ao seu público.

- **Experiências imersivas de marca:** Crie eventos que imergem os participantes no universo da sua marca, desde lojas pop-up temáticas até experiências de realidade virtual.

Eventos de marca são uma ferramenta poderosa para engajar diretamente com seu público, oferecendo oportunidades únicas para fortalecer sua imagem de marca, construir uma comunidade de defensores e impulsionar as vendas. Ao planejar e executar eventos memoráveis, focados nos objetivos da marca e nas necessidades do público, você pode criar experiências que ressoem profundamente com os participantes e gerem resultados tangíveis para sua empresa.

No próximo capítulo, **"RESPONSABILIDADE SOCIAL CORPORATIVA"**, exploraremos como integrar práticas sustentáveis e éticas ao seu branding, destacando a importância de alinhar os valores da sua marca com as expectativas crescentes dos consumidores por responsabilidade social. Prepare-se para aprender como a responsabilidade social pode não apenas melhorar a percepção da sua marca, mas também contribuir significativamente para a sociedade e o meio ambiente.

RESPONSABILIDADE SOCIAL CORPORATIVA

A Responsabilidade Social Corporativa (RSC) refere-se ao compromisso das empresas em conduzir seus negócios de uma maneira ética, que contribua para o desenvolvimento econômico, ao mesmo tempo em que melhora a qualidade de vida dos funcionários, de suas famílias, da comunidade local e da sociedade como um todo. Neste capítulo, exploraremos como integrar a RSC ao branding da sua empresa, alinhando os valores da marca com as crescentes expectativas dos consumidores por práticas sustentáveis e éticas.

A IMPORTÂNCIA DA RESPONSABILIDADE SOCIAL CORPORATIVA

- **Melhoria da imagem pública:** Empresas socialmente responsáveis são vistas com bons olhos pelo público, o que pode fortalecer a imagem da marca e aumentar sua competitividade.

- **Fidelização do cliente:** Consumidores tendem a ser leais a marcas que demonstram preocupação com questões sociais e ambientais, vendo suas compras como uma extensão de seus valores pessoais.

- **Atração e retenção de talentos:** Um compromisso com a responsabilidade social pode atrair funcionários que compartilham dos mesmos valores, além de aumentar a satisfação e a retenção de talentos.

- **Impacto positivo no desempenho financeiro:** Investir em RSC pode levar a uma melhoria no desempenho financeiro, à medida que práticas sustentáveis e éticas melhoram a eficiência e a reputação da empresa.

INTEGRANDO A RSC AO BRANDING

1 - **Alinhamento de valores:** Garanta que suas iniciativas de RSC reflitam os valores centrais da sua marca, criando uma conexão autêntica entre suas ações sociais e sua identidade de marca.

2 - Comunicação transparente: Comunique suas iniciativas de RSC de maneira transparente e honesta, evitando o "greenwashing" ou a exploração das ações para ganho de marketing sem substância real por trás.

3 - Parcerias estratégicas: Colabore com ONGs, instituições de caridade ou iniciativas comunitárias que estejam alinhadas com os objetivos da sua marca, ampliando o impacto das suas ações.

4 - Engajamento do consumidor e funcionário: Encoraje a participação ativa dos seus consumidores e funcionários nas suas iniciativas de RSC, criando uma sensação de comunidade e propósito compartilhado.

MELHORES PRÁTICAS PARA RSC

1 - Foco em sustentabilidade: Adote práticas de negócios sustentáveis, reduzindo o impacto ambiental da sua empresa através de redução de resíduos, reciclagem e uso eficiente de recursos.

2 - Investimento social: Contribua para a sociedade investindo em educação, saúde, bem-estar social ou cultura, apoiando projetos que tenham um impacto positivo duradouro.

3 - Ética nos negócios: Mantenha um compromisso firme com a ética nos negócios, garantindo transparência, justiça e integridade em todas as operações da empresa.

4 - Inclusão e diversidade: Promova um ambiente de trabalho inclusivo e diversificado, respeitando e valorizando as diferenças individuais e fomentando uma cultura de respeito mútuo.

APLICAÇÃO PRÁTICA

- **Relatórios de sustentabilidade:** Publique relatórios

anuais detalhando suas práticas e progresso em relação à sustentabilidade e responsabilidade social, promovendo transparência.

- **Campanhas de conscientização:** Lance campanhas de marketing que elevem a conscientização sobre questões sociais ou ambientais, utilizando sua plataforma de marca para promover mudanças positivas.

- **Produtos ou serviços sociais:** Desenvolva produtos ou serviços que abordem necessidades sociais ou ambientais, integrando a responsabilidade social diretamente na sua oferta ao consumidor.

A integração da Responsabilidade Social Corporativa ao branding não apenas fortalece a imagem da marca e promove a fidelidade do cliente, mas também contribui significativamente para um impacto social e ambiental positivo. Ao alinhar as práticas de RSC com os valores e a missão da sua marca, você cria uma poderosa narrativa que ressoa com consumidores, funcionários e a comunidade em geral, estabelecendo a sua marca como um líder ético e responsável no mercado.

No próximo capítulo, "**GESTÃO DE CRISES DE MARCA**", discutiremos estratégias para preparar e responder a crises potenciais que possam afetar a percepção da sua marca, garantindo que você possa manter a confiança e a lealdade do cliente mesmo em tempos desafiadores.

GESTÃO DE CRISES DE MARCA

Crises podem surgir de diversas fontes, sejam elas internas, como falhas de produto, ou externas, como desastres naturais ou escândalos sociais. A maneira como uma marca responde a essas crises pode afetar significativamente sua reputação e a confiança dos consumidores. Neste capítulo, exploraremos estratégias eficazes para a gestão de crises de marca, enfatizando a importância de preparação, comunicação e recuperação pós-crise para manter a integridade e a lealdade da marca.

Preparação para Crises

- **Plano de gestão de crises:** Desenvolva um plano detalhado que identifique possíveis crises, delineie procedimentos de resposta e designe responsabilidades dentro da equipe.

- **Monitoramento contínuo:** Implemente um sistema de monitoramento para detectar sinais de crise nas redes sociais, na mídia e entre os stakeholders, permitindo uma resposta rápida.

- **Treinamento de equipe:** Realize treinamentos regulares com a equipe de gestão de crises para garantir que todos estejam preparados e cientes de seus papéis.

Respondendo a Crises

- **Comunicação rápida e transparente:** Responda prontamente a qualquer crise, comunicando-se de maneira clara e transparente com todos os stakeholders.

- **Mantenha o foco no cliente:** Priorize a segurança e o bem-estar dos clientes em suas comunicações e ações, demonstrando empatia e preocupação genuína.

- **Utilize todos os canais disponíveis:** Comunique-se através de múltiplos canais — mídia social, website, imprensa — para garantir que sua mensagem alcance todos os públicos relevantes.

Recuperação Pós-Crise

- **Avaliação da crise:** Após a resolução da crise, conduza uma análise detalhada para entender suas causas, o desempenho da resposta e as lições aprendidas.

- **Reconstrução da confiança:** Implemente as mudanças necessárias e comunique-se abertamente sobre as ações tomadas para prevenir futuras crises, reconstruindo a confiança do público.

- **Plano de recuperação da marca:** Desenvolva uma estratégia para restaurar a imagem da marca, que pode incluir campanhas de marketing, iniciativas de responsabilidade social e melhorias no produto ou serviço.

Aplicação Prática

- **Simulações de crise:** Realize simulações regulares baseadas em cenários potenciais de crise para testar a eficácia do seu plano de gestão de crises e da resposta da equipe.

- **Comunicação interna:** Assegure que a comunicação interna seja eficiente durante uma crise, mantendo a equipe informada e alinhada com as estratégias de resposta.

- **Feedback e diálogo:** Encoraje o feedback dos stakeholders após a crise, utilizando essas informações para melhorar os processos e fortalecer as relações.

A gestão eficaz de crises é crucial para proteger a reputação e a confiança na sua marca. Preparação, comunicação rápida e transparente, e uma forte estratégia de recuperação são fundamentais para navegar por crises com sucesso. Ao abordar as crises de maneira estratégica e empática, as marcas podem não apenas minimizar danos, mas também demonstrar sua resiliência e compromisso com os valores fundamentais, saindo até mesmo fortalecidas desses desafios.

No próximo capítulo, "**MEDINDO O IMPACTO DO BRANDING NAS VENDAS**", vamos explorar métodos e métricas para avaliar como suas estratégias de branding estão influenciando o desempenho de vendas, permitindo ajustes estratégicos para otimizar o retorno sobre o investimento em marketing e branding.

MEDINDO O IMPACTO DO BRANDING NAS VENDAS

Entender como as iniciativas de branding afetam o desempenho das vendas é crucial para otimizar estratégias de marketing e alinhar esforços com os objetivos de negócio. Este capítulo se concentra em metodologias e métricas para medir o impacto do branding nas vendas, permitindo que as marcas façam ajustes informados e direcionem recursos de maneira mais eficaz.

A IMPORTÂNCIA DA MENSURAÇÃO

- **Alocação de recursos:** Identificar quais estratégias de branding estão diretamente contribuindo para aumentar as vendas permite alocar recursos de forma mais eficiente.

- **ROI do branding:** Calcular o retorno sobre investimento (ROI) de diferentes iniciativas de branding ajuda a justificar gastos e direcionar futuros investimentos.

- **Ajuste de estratégias:** Entender o impacto do branding nas vendas possibilita ajustes rápidos em estratégias para melhorar o desempenho geral.

MÉTRICAS DE IMPACTO NO BRANDING

1 - **Reconhecimento da marca:** Pesquisas de reconhecimento de marca antes e depois de campanhas de branding podem indicar a eficácia em aumentar a visibilidade da marca.

2 - **Engajamento com o conteúdo da marca:** Analise métricas de engajamento, como visualizações de página, compartilhamentos sociais e tempo de permanência no site, para avaliar o interesse gerado pelo conteúdo da marca.

3 - **Tráfego direto e orgânico:** Monitore o tráfego para seu site que é atribuído a buscas diretas e orgânicas, indicando uma procura ativa pela sua marca.

4 - **Conversões atribuídas a campanhas de branding:** Use ferramentas de análise para rastrear conversões específicas resultantes de campanhas de branding, identificando a contribuição direta para as vendas.

5 - Sentimento do consumidor: Ferramentas de análise de sentimentos podem ajudar a medir as mudanças na percepção da marca e na satisfação do cliente, correlacionando-as com variações nas vendas.

ESTRATÉGIAS PARA MENSURAÇÃO EFICAZ

1 - Estabeleça KPIs claros: Defina Key Performance Indicators (KPIs) claros e mensuráveis para cada iniciativa de branding, alinhados com os objetivos de vendas.

2 - Utilize tecnologia de análise: Empregue ferramentas avançadas de análise web e CRM para rastrear a jornada do consumidor e atribuir vendas a esforços específicos de branding.

3 - Testes A/B: Realize testes A/B em elementos de branding, como mensagens e design visual, para determinar o que mais efetivamente influencia as decisões de compra.

4 - Pesquisas de mercado: Use pesquisas para coletar feedback direto dos consumidores sobre como a percepção da marca afeta suas decisões de compra.

APLICAÇÃO PRÁTICA

- **Estudos de caso de clientes:** Analise estudos de caso em que mudanças no branding levaram a um aumento nas vendas, identificando elementos replicáveis.

- **Benchmarking competitivo:** Compare o desempenho do seu branding e vendas com os concorrentes para identificar áreas de oportunidade e diferenciação.

- **Monitoramento contínuo:** Estabeleça um sistema de monitoramento contínuo para avaliar o impacto das iniciativas de branding nas vendas ao longo do tempo, permitindo ajustes dinâmicos nas estratégias.

Medir o impacto do branding nas vendas é um processo contínuo que requer atenção aos detalhes, uso estratégico de tecnologia e uma abordagem proativa para ajustar estratégias com base em dados. Ao entender como diferentes aspectos do branding influenciam as vendas, as marcas podem otimizar suas estratégias de marketing para alcançar resultados mais eficazes e sustentar o crescimento a longo prazo.

No próximo capítulo, "**INOVAÇÃO E BRANDING**", exploraremos como a inovação contínua em produtos, serviços e marketing pode manter sua marca relevante e atraente para os consumidores em um mercado em constante mudança. Esteja preparado para descobrir como integrar a inovação no coração da sua estratégia de branding para impulsionar o engajamento, a diferenciação e o crescimento.

INOVAÇÃO E BRANDING

A inovação é um motor vital para o crescimento e sustentabilidade de qualquer marca. Em um mercado dinâmico e altamente competitivo, a capacidade de inovar não apenas em produtos e serviços, mas também nas estratégias de marketing e nas abordagens de engajamento com o cliente, pode diferenciar sua marca e manter sua relevância. Neste capítulo, abordaremos como a inovação pode ser integrada ao coração da sua estratégia de branding, promovendo um ciclo contínuo de engajamento, diferenciação e crescimento.

A IMPORTÂNCIA DA INOVAÇÃO NO BRANDING

- **Diferenciação competitiva:** A inovação permite que sua marca se destaque, oferecendo algo único que atende às necessidades emergentes dos consumidores.

- **Relevância de mercado:** Atualizar constantemente seus produtos, serviços e estratégias de marketing ajuda a manter sua marca relevante em um mercado que evolui rapidamente.

- **Engajamento do consumidor:** A inovação gera interesse e entusiasmo, incentivando o engajamento contínuo dos consumidores com sua marca.

INTEGRANDO INOVAÇÃO AO BRANDING

1 - **Cultura de inovação:** Crie uma cultura organizacional que valorize a criatividade, a experimentação e o risco calculado, incentivando a equipe a trazer novas ideias e soluções.

2 - **Feedback do cliente como inspiração:** Utilize o feedback dos clientes como uma fonte primária de inspiração para inovações, garantindo que suas novas ofertas atendam às necessidades reais do mercado.

3 - **Inovação em marketing:** Explore novas plataformas, tecnologias e abordagens em suas estratégias de marketing para capturar a atenção do público e comunicar sua

mensagem de forma mais eficaz.

4 - Parcerias estratégicas: Colabore com startups, instituições de pesquisa e outros parceiros para cocriar soluções inovadoras que podem enriquecer sua oferta de marca.

MELHORES PRÁTICAS PARA FOMENTAR A INOVAÇÃO

1 - Prototipagem rápida: Adote uma abordagem de prototipagem rápida para testar e iterar ideias de forma ágil, permitindo falhas rápidas e aprendizados rápidos.

2 - Monitoramento de tendências: Mantenha-se atualizado sobre as tendências de mercado e tecnológicas, utilizando essas informações para antecipar as necessidades futuras dos consumidores.

3 - Investimento em tecnologia: Invista em tecnologias emergentes que possam oferecer novas oportunidades para inovação em produtos, serviços e experiências do cliente.

4 - Inclusão de stakeholders: Engaje uma ampla gama de stakeholders no processo de inovação, incluindo funcionários, clientes e parceiros, para diversificar as fontes de ideias inovadoras.

APLICAÇÃO PRÁTICA

- Lançamento de produtos inovadores: Utilize eventos de marca e campanhas digitais para introduzir novos produtos inovadores, gerando expectativa e entusiasmo no mercado.

- Histórias de inovação: Compartilhe histórias sobre como sua marca está inovando nos bastidores, seja através do desenvolvimento sustentável, tecnologia ou design, construindo uma narrativa de marca em torno da inovação.

- Experimentação de marketing: Explore novos formatos de conteúdo, realidade aumentada, inteligência artificial e outras ferramentas digitais para criar campanhas de marketing inovadoras.

A inovação é essencial para o crescimento e a diferenciação de qualquer marca no mercado atual. Integrando a inovação em todos os aspectos do branding, desde o desenvolvimento de produtos até as estratégias de marketing, as marcas podem não apenas atender às expectativas dos consumidores, mas também superá-las, criando uma conexão profunda e duradoura com seu público. Encorajar uma cultura de inovação contínua é fundamental para manter sua marca à frente da concorrência e assegurar seu sucesso a longo prazo.

No próximo capítulo, "**FORMAÇÃO DA EQUIPE DE BRANDING**", discutiremos como construir uma equipe dedicada que possa gerenciar e promover eficazmente a marca, garantindo que a inovação e as estratégias de branding sejam implementadas com sucesso.

FORMAÇÃO DA EQUIPE DE BRANDING

Construir uma equipe dedicada ao branding é fundamental para o sucesso a longo prazo de qualquer estratégia de marca. Esta equipe será responsável por gerenciar e promover a identidade da marca, garantindo que todas as iniciativas de marketing estejam alinhadas com os valores e objetivos centrais da empresa. Neste capítulo, exploraremos as melhores práticas para formar uma equipe de branding coesa e eficaz, destacando os papéis, habilidades e processos necessários para implementar estratégias de branding com sucesso.

A IMPORTÂNCIA DA EQUIPE DE BRANDING

- **Coesão e consistência:** Uma equipe dedicada garante que todas as atividades de branding sejam consistentes e coesas, fortalecendo a identidade da marca.

- **Foco estratégico:** Ter uma equipe focada em branding permite uma abordagem estratégica mais profunda, alinhando iniciativas de marketing com os objetivos de negócio.

- **Inovação e criatividade:** Uma equipe especializada fomenta a inovação e a criatividade, essenciais para manter a relevância e a competitividade da marca.

ESTRUTURANDO A EQUIPE DE BRANDING

1 - **Liderança de branding:** Um líder ou diretor de branding, com visão estratégica e capacidade de integrar a marca em todos os aspectos do negócio.

2 - **Estratégia e análise:** Especialistas em estratégia de marca e analistas de mercado que possam identificar tendências, analisar a concorrência e definir posicionamento de marca.

3 - **Criação de conteúdo e design:** Designers e criadores de conteúdo que possam traduzir a identidade da marca em visuais atraentes, conteúdo envolvente e campanhas inovadoras.

4 - Comunicação e mídias sociais: Profissionais especializados em comunicação e mídias sociais para promover a marca, engajar com o público e gerenciar a reputação online.

5 - Engajamento do cliente: Especialistas focados em criar e manter um relacionamento sólido com os clientes, garantindo uma experiência de marca positiva.

DESENVOLVENDO HABILIDADES NA EQUIPE

1 - Treinamento contínuo: Invista em treinamento e desenvolvimento profissional para manter a equipe atualizada com as últimas tendências e técnicas de branding e marketing.

2 - Trabalho em equipe e colaboração: Fomente um ambiente de trabalho colaborativo, onde a criatividade e a inovação possam florescer através do compartilhamento de ideias e feedback.

3 - Flexibilidade e adaptabilidade: Encoraje a equipe a ser flexível e adaptável, capaz de responder rapidamente às mudanças no mercado e nas preferências dos consumidores.

MELHORES PRÁTICAS DE GESTÃO

1 - Comunicação clara: Estabeleça canais de comunicação eficazes dentro da equipe, garantindo que todos estejam alinhados com os objetivos e estratégias de branding.

2 - Definição de metas e métricas: Defina metas claras e mensuráveis para a equipe, acompanhando o progresso regularmente para garantir que os objetivos estejam sendo alcançados.

3 - Reconhecimento e recompensa: Reconheça e recompense os esforços e sucessos da equipe, mantendo a motivação e o comprometimento com os objetivos da marca.

Uma equipe de branding eficaz é essencial para o sucesso de qualquer estratégia de marca. Ao reunir um grupo diversificado de talentos, com habilidades complementares e um foco compartilhado em promover a identidade da marca, as empresas podem criar uma presença de marca forte e consistente que ressoa com o público-alvo. Investir na formação, desenvolvimento e gestão desta equipe não é apenas um investimento na marca, mas um investimento no futuro do negócio.

No próximo capítulo, "**A IMPORTÂNCIA DO TREINAMENTO DE VENDAS**", abordaremos como capacitar sua equipe de vendas para que ela possa comunicar efetivamente o valor da marca aos clientes, transformando a estratégia de branding em resultados concretos de vendas.

A IMPORTÂNCIA DO TREINAMENTO DE VENDAS

A eficácia de qualquer estratégia de branding é em grande parte determinada pela habilidade da equipe de vendas em comunicar o valor da marca aos clientes. O treinamento de vendas não apenas capacita os vendedores com as técnicas necessárias para fechar vendas, mas também garante que eles estejam plenamente alinhados com a mensagem da marca, sua proposta de valor e os valores centrais da empresa. Neste capítulo, exploraremos como o treinamento de vendas pode transformar a estratégia de branding em resultados de vendas tangíveis, aumentando a receita e fortalecendo a lealdade do cliente.

POR QUE O TREINAMENTO DE VENDAS É CRUCIAL PARA O BRANDING

- **Comunicação consistente da marca:** O treinamento assegura que todos os membros da equipe de vendas comuniquem a mensagem da marca de forma consistente, reforçando a identidade da marca nas interações com os clientes.

- **Entendimento profundo da proposta de valor:** Equipa os vendedores com um entendimento profundo dos produtos ou serviços, permitindo-lhes destacar efetivamente a proposta de valor única da marca.

- **Aumento da confiança e competência:** Vendedores bem treinados são mais confiantes e competentes, o que se traduz em uma melhor experiência para o cliente e maiores taxas de conversão.

ELEMENTOS CHAVE DE UM PROGRAMA DE TREINAMENTO DE VENDAS EFICAZ

1 - **Conhecimento do produto:** Certifique-se de que a equipe de vendas entenda completamente os produtos ou serviços, incluindo recursos, benefícios e como eles se comparam aos da concorrência.

2 - **Habilidades de comunicação:** Desenvolva habilidades de

comunicação e escuta ativa, permitindo que a equipe de vendas identifique e responda às necessidades dos clientes de forma eficaz.

3 - Técnicas de vendas: Instrua sobre técnicas de vendas comprovadas, desde a abordagem inicial até o fechamento, incluindo o manejo de objeções.

4 - Alinhamento com o branding: Garanta que a equipe compreenda a missão, visão e valores da marca, bem como a importância de representar a marca positivamente em todas as interações.

IMPLEMENTANDO O TREINAMENTO DE VENDAS

1 - Treinamento contínuo: O treinamento de vendas deve ser uma iniciativa contínua para acomodar novos produtos, mudanças no mercado e desenvolvimento de habilidades.

2 - Utilização de tecnologia: Aproveite tecnologias de treinamento, como plataformas de e-learning e simulações, para criar experiências de aprendizado interativas e envolventes.

3 - Feedback e coaching: Forneça feedback regular e oportunidades de coaching para a equipe de vendas, focando no desenvolvimento individual e na melhoria contínua.

4 - Reconhecimento e incentivos: Estabeleça um sistema de reconhecimento e incentivos alinhados com os objetivos de vendas e branding, motivando a equipe a alcançar a excelência.

O treinamento de vendas é um componente essencial para traduzir a estratégia de branding em sucesso comercial. Ao investir na capacitação da equipe de vendas, as empresas não apenas melhoram o desempenho de vendas, mas também reforçam a consistência da marca, aumentam a satisfação do cliente e promovem a lealdade à marca. Uma equipe de vendas bem treinada é, portanto, uma das maiores vantagens competitivas que uma marca pode ter.

Avançando, no próximo capítulo, "**CONSTRUINDO UM LEGADO DE MARCA**", discutiremos estratégias de longo prazo para manter a relevância e o impacto da marca no mercado, garantindo que o legado da marca continue a crescer e inspirar gerações futuras.

CONSTRUINDO UM LEGADO DE MARCA

Construir um legado de marca vai além de alcançar sucesso imediato; trata-se de criar uma presença duradoura que ressoe com gerações futuras, mantendo a relevância e o impacto no mercado ao longo do tempo. Este capítulo aborda estratégias de longo prazo que as marcas podem implementar para garantir que seu legado continue a crescer, inspirar e deixar uma marca indelével no coração dos consumidores.

A IMPORTÂNCIA DE UM LEGADO DE MARCA

- **Sustentabilidade de longo prazo:** Marcas com um legado claro e positivo tendem a sustentar seu sucesso ao longo do tempo, navegando com eficácia por mudanças de mercado e tendências de consumo.

- **Conexão emocional profunda:** Um legado forte constrói uma conexão emocional com os consumidores, que veem a marca não apenas como um fornecedor de produtos ou serviços, mas como uma parte integrante de suas vidas.

- **Diferenciação competitiva:** No ambiente saturado de hoje, um legado de marca pode ser um diferenciador chave, estabelecendo a marca como líder e referência em seu setor.

ESTRATÉGIAS PARA CONSTRUIR UM LEGADO DE MARCA

1 - **Mantenha-se fiel aos seus valores:** Certifique-se de que cada ação, produto e comunicação reflita os valores fundamentais da marca, consolidando a autenticidade que resiste ao teste do tempo.

2 - **Inovação com propósito:** Enquanto a inovação é crucial, ela deve ser direcionada por um propósito que alinhe com a missão e visão da marca, garantindo que novos desenvolvimentos reforcem o legado da marca.

3 - **Envolvimento comunitário e responsabilidade social:** Contribua positivamente para a sociedade e o meio ambiente, criando um legado de impacto social e

sustentabilidade que os consumidores admiram e apoiam.

4 - Histórias que resistem ao tempo: Use o poder do storytelling para compartilhar a jornada da sua marca, destacando desafios superados, sucessos alcançados e o impacto duradouro na vida das pessoas.

MANTENDO A RELEVÂNCIA DO LEGADO

1 - Adaptação às mudanças: Esteja disposto a evoluir e se adaptar às mudanças de mercado, tecnológicas e sociais, mantendo a marca relevante para novas gerações de consumidores.

2 - Engajamento contínuo com o público: Mantenha o diálogo aberto com os consumidores através de várias plataformas, ouvindo seu feedback e envolvendo-os no processo de evolução da marca.

3 - Cultura de excelência: Cultive uma cultura interna de excelência, paixão e inovação, onde cada membro da equipe esteja comprometido em levar adiante o legado da marca.

APLICAÇÃO PRÁTICA

- **Programas de mentoria:** Desenvolva programas de mentoria que transmitam a essência da marca para novos funcionários, garantindo que o legado continue a ser promovido por todos na empresa.

- **Documentação do legado:** Crie arquivos, documentários ou uma seção dedicada no site da marca que narre a história da marca, seus valores fundamentais e sua evolução ao longo do tempo.

- **Iniciativas de impacto de longo prazo:** Invista em iniciativas que tenham um impacto duradouro na comunidade ou no meio ambiente, reforçando o compromisso da marca com um legado positivo.

Construir um legado de marca é uma jornada que requer visão de longo prazo, consistência nos valores e adaptabilidade. Marcas que conseguem estabelecer um legado significativo não apenas conquistam uma posição de destaque no mercado, mas também criam um vínculo duradouro com seus consumidores, tornando-se parte integrante de suas histórias e vidas. Ao focar no impacto duradouro e na contribuição para o bem maior, sua marca pode aspirar a deixar um legado que transcenda o tempo e continue a inspirar futuras gerações.

Chegamos ao final do conteúdo proposto para o livro "**Branding de alto impacto na performance de vendas**". Cada capítulo foi cuidadosamente elaborado para oferecer insights, estratégias e orientações práticas destinadas a empresários, profissionais de marketing e líderes de negócios interessados em fortalecer sua marca e melhorar suas vendas. Desde a fundamentação do branding até a construção de um legado duradouro, esperamos que este guia sirva como uma ferramenta valiosa para promover o crescimento sustentável e a relevância de sua marca no mercado competitivo de hoje.

Ao longo deste livro, abordamos diversos aspectos do branding, desde a criação de uma identidade visual marcante até a implementação de estratégias digitais avançadas, passando pela importância da consistência da marca, o papel da responsabilidade social corporativa e a gestão eficaz de crises. Além disso, destacamos a importância da equipe de branding e do treinamento de vendas na tradução da estratégia de marca em resultados tangíveis.

Como passo final, gostaríamos de reiterar a importância de uma abordagem integrada e estratégica ao branding. O sucesso de uma marca não é resultado de esforços isolados, mas sim da implementação consistente de práticas de branding alinhadas aos valores da empresa e às necessidades de seu público-alvo. A inovação constante, o compromisso com a qualidade e uma comunicação eficaz são componentes essenciais para criar uma marca que não apenas atraia clientes, mas que também construa relacionamentos duradouros e promova a lealdade.

Encorajamos você a revisitar os conceitos e estratégias apresentados neste livro regularmente, adaptando e refinando suas abordagens conforme necessário para manter sua marca dinâmica, relevante e competitiva. Lembre-se, o branding é uma jornada contínua de evolução e crescimento. Seu compromisso com essa jornada pode transformar positivamente sua marca, impulsionando seu sucesso no mercado e criando um legado que perdure por gerações.

Agradecemos sua dedicação ao aprimoramento do branding da sua empresa e esperamos que este livro tenha fornecido os insights e ferramentas necessários para alcançar seus objetivos. Estamos confiantes de que, com a aplicação das estratégias discutidas, sua marca estará bem posicionada para alcançar um alto impacto na performance de vendas e construir uma presença marcante no mercado.

Obrigado por nos acompanhar nesta jornada para o sucesso do branding. Desejamos a você toda a sorte e sucesso em suas iniciativas de branding futuras. Que sua marca cresça, inove e prospere, hoje e sempre.

Ao virarmos a última página desta jornada juntos, espero sinceramente que os aprendizados compartilhados aqui tenham tocado seu coração e despertado novas perspectivas. Se este livro lhe trouxe algum valor, peço gentilmente que dedique alguns momentos para deixar sua avaliação na Amazon. Suas palavras não apenas me ajudam a crescer e aprimorar minha arte, mas também guiam outros leitores em suas buscas por conhecimento e inspiração. Sua opinião é um presente valioso, tanto para mim quanto para a comunidade de leitores em busca de histórias que transformam. Agradeço de coração por compartilhar esta jornada comigo e espero que possamos nos encontrar novamente nas páginas de uma nova aventura.

REGINALDO OSNILDO

Olá, sou Reginaldo Osnildo, autor e inovador nas áreas de vendas, tecnologia, e estratégias de comunicação. Minha experiência abrange desde o ambiente acadêmico, como professor e pesquisador na Universidade do Sul de Santa Catarina, até a prática como estrategista no Grupo Catarinense de Rádios. Com um doutorado em narrativas de vendas e convergência digital, e um mestrado em storytelling e imaginário social, eu trago para meus leitores uma fusão única entre teoria e prática. Meu objetivo é fornecer conhecimento em uma linguagem simples, prática e didática, incentivando a aplicação direta na vida pessoal e profissional.

Atenciosamente

Prof. Dr. Reginaldo Osnildo

+55 48 991913865

reginaldoosnildo@gmail.com

www.ingramcontent.com/pod-product-compliance
Lightning Source LLC
Chambersburg PA
CBHW071213240526
45470CB00018B/1818